AF268211

AUX ÉLECTEURS SÉNATORIAUX

DU GERS

LE SÉNAT

ET

LES ÉLECTIONS DU 5 JANVIER

AUCH,

IMPRIMERIE TYPOGRAPHIQUE DE CHARLES LECOCQ.

AUX ÉLECTEURS SÉNATORIAUX

DU GERS

LE SÉNAT

ET

LES ÉLECTIONS DU 5 JANVIER

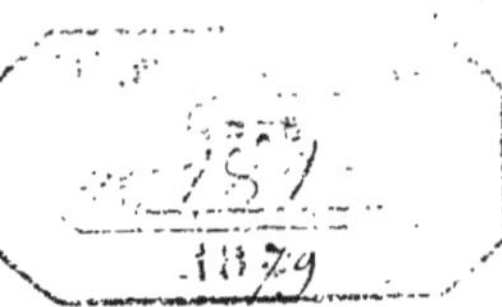

AUCH,

IMPRIMERIE TYPOGRAPHIQUE DE CHARLES LECOCQ.

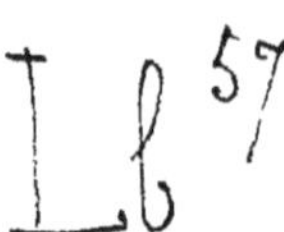

A la veille des élections sénatoriales, il nous paraît utile de reproduire une étude publiée par le journal *le Temps*, et résumant l'histoire du Sénat, de janvier 1876 à décembre 1878.

Au point de vue plus spécial de notre département, nous faisons précéder cette étude de trois articles parus dans le *Républicain du Gers,* et relatifs aux candidats présentés par l'opposition, MM. Batbie et Lacave-Laplagne.

Que les électeurs sénatoriaux, auxquels nous dédions cette modeste brochure, veuillent bien prendre la peine de la lire avec quelque attention. Ils reconnaîtront que ce n'est pas la passion qui y parle, que ce n'est qu'à leur raison, à leur bon sens, à leur patriotisme que nous nous adressons. Ils reconnaîtront combien il importe à leur pays qu'après le 5 janvier prochain, la majorité du Sénat soit composée d'hommes modérés, conservateurs, loyalement dévoués aux institutions républicaines.

Puissent-ils, après l'avoir lue, prendre devant leur conscience la résolution de contribuer pour leur part à la paix publique, en votant pour MM. Maumus et de Salvandy !

AUX ÉLECTEURS SÉNATORIAUX

DU GERS

Un jour, au déclin de l'âge, las des luttes civiles, dégoûté des violences et des injustices, Dante-Alighieri alla frapper aux portes des monastéres de l'Italie. « Que voulez-vous ? » lui demandait-on. « La paix ! la paix ! » criait-il.

La paix ! n'est-ce pas ce que demandent en France aujourd'hui ceux qui aiment leur patrie ? ceux qui font passer le bien de leur pays avant toute autre considération, avant leurs idées personnelles, avant leurs souvenirs, avant leurs rancunes, avant même leurs amitiés ?

En février 1876, le gouvernement était aux mains du ministére Buffet. Ce ministére n'était certes pas républicain, et s'il a exercé quelque action sur les élections législatives qui eurent lieu alors, ce n'a pas été en faveur de la République. Cependant c'est en faveur de la République que s'est prononcée l'immense majorité de la nation.

Les ennemis des institutions républicaines n'ont pas voulu accepter ce jugement. De la France suivant eux égarée ils en ont appelé à la France par eux mieux éclairée. Ils ont ressaisi le pouvoir le 16 Mai. Pendant cinq mois ils l'ont exercé sans scrupule. Ils ont tout fait pour arracher au pays une réponse conforme à leurs vœux, c'est-à-dire contraire à la République. Cependant c'est encore en faveur de la République que s'est prononcée, le 14 octobre, l'immense majorité de la nation.

Elle a eu tort ou elle a eu raison : là n'est pas la question. Ce qui est certain, c'est que, par deux fois, au prix de grandes difficultés, malgré le gouvernement, la France a manifesté sa volonté de fonder la République.

Il semble que dès lors la paix eût dû se faire, que la minorité dût accepter la décision de la majorité, que tout le monde dût s'incliner, comme l'a fait le chef de l'Etat, le maréchal de Mac-Mahon, devant cette décision solennelle et souveraine.

Mais que fussent devenus les chefs de l'opposition ? Il faut bien qu'ils continuent cette opposition, puisqu'ils en vivent.

Alors, malgré le besoin de tranquillité qu'éprouvait la France, sacrifiant la paix de leur pays à leurs ambitions et à leurs situations personnelles, les chefs des partis hostiles se sont attachés à perpétuer l'agitation dans les esprits.

Car c'est un fait étrange et pourtant incontestable, qu'ils prétendent se faire de l'agitation un argument contre la République, et qu'ils sont les seuls à entretenir cette agitation.

Il y a un homme qui, dans ce pays soumis à de si rudes épreuves, aspirant avant tout à la tranquillité, à la paix, au travail, à l'ordre, a créé un mot épouvantable : le gouvernement de combat ! (1)

Il a créé le mot et il a réalisé la chose. Et M. de Cassagnac nous a confirmé l'autre jour ce que nous savions déjà, que s'il n'eût dépendu que de cet homme, le vote de la France n'eût pas rétabli le calme, que ceux que la nation venait de condamner n'auraient pas quitté le pouvoir, qu'un coup d'Etat fût venu déchaîner la guerre civile dans notre infortunée patrie.

Et il osait ajouter : cette preuve d'énergie lui sera un titre auprès des électeurs sénatoriaux du Gers. (2)

Cet homme, l'homme du gouvernement de combat, qui voulait pousser ce combat jusqu'à la guerre civile, est-il besoin de le nommer ? Hélas ! il n'est que trop connu par les malheurs de la France : c'est M. Batbie, candidat sénatorial dans ce département.

On dit : il ne voulait pas de coup d'Etat ; il ne demandait qu'une

---

(1) C'est dans un rapport lu à l'Assemblée nationale le 26 novembre 1872, que M. Batbie déclarait indispensable la constitution d'un *gouvernement de combat*. Ce mot audacieux et antipatriotique lui valut, après le 24 mai, le ministère de l'Instruction publique, où il ne brilla guère. Le 29 novembre, M. Thiers lui répondait: « Ma politique, j'en conviens, n'est pas la politique de combat... Après la » modération, dans un pays où les partis sont aussi divisés que dans le nôtre, il faut l'impartialité à » l'égard de tous les partis. Par ces moyens-là, la fermeté dans la conduite du gouvernement, la modé-» ration, l'impartialité à l'égard des partis, on arrive à l'apaisement. Je ne connais pas d'autres moyens. » Si vous croyez que la politique de combat vaille mieux, pratiquez-la ; je ne vous disputerai pas le » pouvoir ; mais il faut se donner pour ce qu'on est, et moi je ne veux pas me donner pour un homme » de la politique de combat. »
M. Batbie est resté, malgré les leçons des événements, l'homme du combat contre la France. La politique du gouvernement est aujourd'hui encore ce qu'était celle de M. Thiers, la politique de la modération, de la conciliation, de l'apaisement.

(2) « Le Président avait annoncé qu'il voulait demander au Sénat une deuxième dissolution contre » vous, vous le savez comme moi, à tel point que M. Batbie, le sénateur de mon département, qui va » être réélu dans le Gers, et dont la réélection va être protégée par le souvenir de ce moment difficile » où il s'est énergiquement montré, que l'honorable M. Batbie a été chargé de la formation du minis » tère que vous connaissez, ministère de résistance, chargé d'obtenir une nouvelle dissolution. C'est » la vérité ; tout le monde sait cela... » (*Journal officiel*, 6 novembre 1878, discours de M. Paul de Cassagnac.) C'est ainsi que M. de Fourtou disait quelques jours plus tard à la Chambre: « Si j'avais fait » tout mon devoir, vous ne seriez pas ici. » L'illustre M. Dufaure lui répondait: « Il y a dans les » Chambres un parti sans nom... » Le parti sans nom ! le parti de l'intrigue, du trouble, de l'aventure... c'est bien à ce parti-là qu'appartient M. Batbie.

seconde dissolution. D'abord, cela est faux, puisqu'il est certain qu'au mois de décembre la majorité du Sénat n'eût pas accordé une dissolution nouvelle. Et puis, qu'eût-ce été qu'une seconde dissolution, immédiatement après les élections générales, et sans budget voté, sinon un coup d'Etat?

Le maréchal de Mac-Mahon a refusé de violer la Constitution et de faire courir à son pays les risques de la guerre civile pour complaire à M. Batbie. Il a préféré obéir à la France. Electeurs sénatoriaux, dites, n'a-t-il pas eu raison? Oubliez pour un instant vos sympathies personnelles, ne vous placez qu'en face de votre patrie, ne consultez que votre amour pour elle, et, la main sur la conscience, dites si le maréchal eût dû céder aux conseils affreux que lui soufflait l'ancien démagogue de 1848, s'il eût dû tenir pour non-avenue la volonté de la France, et nous lancer dans les criminelles et sanguinaires aventures qu'avait rêvées, comme en un cauchemar, la monstrueuse ambition de M. Batbie.

Et ne croyez pas que ce fauteur de troubles se corrige. Il ne demande qu'à recommencer. Il ne se console pas de voir la France calme et prospère. En présentant tout récemment, chez M. de Sevin, à Gimont, sa candidature de sénateur à quelques amis, il a déclaré que si une majorité de droite était maintenue au Sénat par les élections du 5 janvier, on mettrait de nouveau la Chambre des députés à la porte. C'est-à-dire que l'on referait le 16 Mai. A quelles idées folles, à quelles imprudences de langage peut conduire le désir d'être ministre! « Vous avez l'ordre et la paix ; nommez-moi et je vous replongerai dans la crise de l'an dernier. » Comme c'est engageant !

Nous avons assez d'un 16 Mai. Nous voulons qu'on nous laisse tranquilles. C'est bien votre avis, n'est-ce pas, électeurs sénatoriaux ?

C'est pourquoi, vous, hommes de paix, vous ne voterez pas pour M. Batbie, pour l'homme du gouvernement de combat.

M. Lacave-Laplagne est-il un candidat qui nous assure mieux la paix civile?

Sans doute, M. Lacave-Laplagne, bien qu'homme de poids, est une moins puissante personnalité que M. Batbie. Personne ne pensera jamais à faire de lui un ministre. C'était bon pour ses ancêtres qui, eux, ne s'alliaient pas aux bonapartistes, et qui eussent rougi de honte à la pensée que leur fils et leur neveu deviendrait le caudataire d'un Paul de Cassagnac. Nous ne croyons pas non plus que M. Lacave-Laplagne songe à se faire jamais l'instigateur ou le héros de quelque aventure périlleuse, comme celle qu'avait rêvée M. Batbie en décembre. Si une telle chose était tentée, M. Lacave-Laplagne ne la renierait peut-être pas après son succès, mais nous lui rendons ce témoignage que ce n'est pas au moment du combat qu'il apporterait aux aventuriers l'autorité de son nom. Enfin nous reconnaissons aussi que ce n'est pas par son éloquence que M. Lacave-Laplagne troublera le pays. Il ne soulévera aucun orage à la tribune par la simple raison qu'il n'y paraîtra pas. La fidélité aux principes, le dévouement aux idées libérales. la haine de l'empire, la parole chaude et généreuse, c'étaient là des traditions de famille dont il pouvait se souvenir lorsqu'il écrivait sa circulaire de 1869. Il faut la lui pardonner : il était jeune alors ! Et il a si bien depuis, et tout récemment en recevant le baiser Lamourette de MM. de Cassagnac, réparé ses fugitives erreurs de jeunesse !

M. Lacave-Laplagne, quoique terne, placide et taciturne, n'en est pourtant pas moins dangereux. Il n'a pour toute arme que son vote, mais cette arme, il la tourne contre la tranquillité de son pays.

Il est responsable de cette horrible crise du 16 Mai dont la France souffre et frémit encore. Nommé grâce au concours loyal des républicains trahis par ses amis, il s'est attaché, comme nous l'a appris M. de Cassagnac, à *purifier son origine* ; il a combattu les républicains à outrance ; il a voté la dissolution.

Pourquoi ne la voterait-il pas encore ? Pourquoi ne suivrait-il pas M. Batbie dans cette lutte acharnée contre la volonté de la nation ? Tout donne à penser qu'il ne reculerait pas.

Quand il est entré au Sénat, il s'est inscrit à ce groupe qui, par ironie sans doute, porte le nom de *constitutionnel* et ne s'attache qu'à ruiner la Constitution. Quand ce groupe s'est divisé, quand quelques sénateurs, sous la conduite de M. Bocher, ont paru se rapprocher un peu de la République, M. Lacave-Laplagne est resté parmi les intransigeants ; obstinément rivé à la haine de nos institutions, il n'a pas suivi le mouvement. M. Bocher lui a paru trop avancé !

Il est venu siéger au Conseil général du Gers. Là, dans l'espérance que l'appoint des bonapartistes assurerait sa nomination, il a docilement, humblement accepté la direction de M. Paul de Cassagnac, comme il devait, quelques jours plus tard, non moins humblement, accepter son patronage devant les électeurs sénatoriaux. On se rappelle comment, sous cette direction, il a sacrifié les intérêts les plus clairs du département, les intérêts des chemins et des écoles, à l'inavouable désir de faire de l'opposition à l'administration préfectorale.

Il est tellement l'ennemi de la Constitution, ce constitutionnel, que l'autre semaine, ayant à nommer des sénateurs inamovibles, il a voté pour un bonapartiste, pour un légitimiste et pour un orléaniste (quelle alliance ! et de quels beaux jours elle serait le gage, si ces gens-là pouvaient réussir !) plutôt que de nommer des conservateurs aussi déterminés que M. de Montalivet, que le général Gresley, que M. Alfred André. Pourquoi ? Parce que ces trois conservateurs se sont ralliés au gouvernement que la France s'est donné.

M. Lacave-Laplagne est un irréconciliable.

Ce n'est pas la paix qu'il nous apporterait, c'est le trouble.

Et c'est de paix que nous avons besoin.

Ah ! sans doute, les deux candidats réactionnaires sont, depuis que leurs candidatures sont posées, les plus prudents, les moins communicatifs des hommes. Leurs candidatures étant celles de l'équivoque, leur attitude est celle du silence. Une seule parole sincère, honnête, éclatant dans le camp réactionnaire, y causerait d'irrémédiables divisions. Aussi l'on se tait.

Nous savons cependant, par quelques aveux échappés à M. Paul de Cassagnac, quel est le sens de ces candidatures.

En présentant pour la première fois MM. Batbie et Lacave-Laplagne aux électeurs sénatoriaux, M. Paul de Cassagnac a écrit :

« La majorité conservatrice du Conseil général ne pense pas
» évidemment de même sur la forme de gouvernement qu'elle pré-
» fère, mais elle sait aussi quelle est la forme de gouvernement
» qu'elle ne veut pas.

» Elle ne veut pas de la République. (1) »

Et hier encore, parlant de la lettre du comte de Chambord, après avoir recommandé aux bonapartistes de Pontivy de voter pour M. de Mun, le même M. de Cassagnac affirmait de nouveau son but destructeur :

« Nous sommes associés tous ensemble, dit-il, pour combattre la
» République. (2) »

M. de Cassagnac a raison. La monstrueuse alliance à laquelle nous assistons ne peut, d'ailleurs, pas s'expliquer autrement.

C'est donc pour renverser la République qu'il faudrait voter pour MM. Batbie et Lacave-Laplagne.

Leur nom signifie : révolution.

C'est déjà bien. Mais après ?

Les sénateurs qui vont être nommés seront en fonctions en 1880, c'est-à-dire au moment où les Chambres pourront proposer la révision de la Constitution. On sait que les réactionnaires interprètent le fameux article 8, qui réserve ce droit aux Chambres, dans le sens du renversement de la République.

Que feront alors les coalisés d'aujourd'hui ?

Il faut qu'ils le disent. C'est l'avis de M. Paul de Cassagnac ; c'est lui qui a écrit :

« La France, nous ne saurions trop le répéter, n'est pas neutre en
» politique.

» Partout il sera nécessaire de faire luire aux yeux des popula-
» tions une solution pour 1880. Ne vouloir rien prévoir après, refu-
» ser de se préparer pour ce moment-là, ce serait une stupidité. »

---

(1) L'*Appel au peuple*, 14 septembre 1878.

(2) L'*Appel au peuple*, 20 novembre 1878.

Et il ajoutait quelques jours plus tard :

« Nous nous battrons après, si vous voulez ; mais d'abord sor-
» tons du péril qui nous étreint. »

Nous nous battrons après !

Ainsi révolution nouvelle, et puis : la guerre civile ! (1)
Et cela, de l'aveu de nos adversaires.
Riante perspective !

S'il est vrai, comme nous l'avons dit en débutant, que c'est de tranquillité, d'ordre, de sécurité, de paix que la France a soif, comment les électeurs sénatoriaux qui aiment leur pays pourraient-ils voter pour des hommes qui apportent avec eux de tels désastres ? (2)

A ce point de vue, M. Lacave-Laplagne n'est pas moins que M. Batbie dangereux à la paix de la France.

Pas plus que lui, il ne doit obtenir les voix des hommes d'ordre, des vrais conservateurs.

..

Pour que la paix règne, définitive, entre les citoyens, il faut qu'elle règne d'abord entre les pouvoirs publics.

En ce moment, la majorité du Sénat et la majorité de la Chambre des députés sont, non pas en discussion sur telle ou telle loi, sur telles ou telles tendances politiques, mais en guerre ouverte sur le principe même des institutions qui nous régissent, sur la forme du gouvernement.

La Chambre des députés est républicaine.

Le Sénat veut renverser la République.

---

(1) M. Paul de Cassagnac écrivait cela pendant la période du 16 Mai. Il réalise aujourd'hui dans le Gers l'alliance qu'il prêchait alors par toute la France. Mais il y a une différence en ce qui concerne le Gers. A cette époque, les bonapartistes, considérant ce département comme la terre sacrée du bonapartisme, refusaient aux monarchistes de leur en abandonner la moindre parcelle. Grâce à leurs efforts, c'était M. Fauré, et non M. de Rességuier, qui était le candidat officiel dans l'arrondissement de Lombez. Les situations acquises ne les arrêtaient pas. Ils présentaient et faisaient réussir, lors des élections pour le Conseil général, M. Lascourrèges contre M. d'Abbadie de Barrau, M. Decepts fils contre M. de Calmels-Puntis. Depuis lors M. Paul de Cassagnac a pris la direction du parti. Il a toujours eu un faible pour les blancs. En outre, il a besoin d'eux pour son élection à Condom. Et c'est pourquoi l'on voit les bonapartistes du Gers porter au Sénat MM. Batbie et Lacave-Laplagne. Changement considérable et dont les bonapartistes purs n'ont guère lieu de se féliciter.

(2) On lit dans le *Pays* du 23 novembre 1878 :
» Nous savons très exactement ce que nous voulons.
» Les légitimistes veulent ramener Henri V.
» Nous voulons ramener Napoléon IV.
» Les orléanistes veulent mettre sur le trône Louis-Philippe II.
» Voilà une réponse dont on ne contestera pas la netteté. La République étant détruite, il y a trois
» candidats en présence, et il est certain que celui-là l'emportera qui répondra le mieux aux nécessités
» du moment... Le pays, d'une façon ou d'une autre, suivant les circonstances, tranchera la question. »
C'est toujours le fameux : *nous nous battrons après !* Quant au pays, si son opinion comptait pour quelque chose auprès de ceux qui se disent partisans de l'appel au peuple, ils reconnaîtraient qu'il a déjà tranché la question, et définitivement, le 20 février 1876 et le 14 octobre 1877.

Cette situation est anormale, violente, préjudiciable aux intérêts, contraire à l'ordre.

Elle entretient une agitation qui doit cesser.

Si cette agitation n'est pas plus grande, si elle ne pénètre pas dans les masses profondes du pays, c'est que tout le monde se rend compte que le Sénat ne peut pas réussir.

Les ennemis de la République eux-mêmes le sentent : ils n'osent plus annoncer à leurs partisans égarés qu'ils vont enfin leur donner le gouvernement de leurs rêves, soit l'empire avec son despotisme au dedans et ses mortelles aventures au dehors, soit Henri V avec l'ancien régime et le règne du ciel, c'est-à-dire du Vatican. Ils cachent leurs espérances et leurs haines derrière un ridicule fantôme de théâtre qu'ils appellent le péril social.

Il n'y a plus en France que M. Paul de Cassagnac qui, tous les huit jours, prédit imperturbablement au monde que bientôt les cloches de Notre-Dame sonneront le joyeux avènement d'un nouvel empereur. Ces rodomontades font sourire ; elles ne trompent plus personne, elles n'effrayent personne, et, ce qui est pire pour lui, elles ne rendent plus l'espoir à personne.

Ce sont les promesses du 24 Mai 1873 ; ce sont les espérances du 20 Février 1876 ; ce sont les prédictions du 16 Mai et du 14 Octobre 1877. Trois fois les événements se sont chargés de les démentir. Comment se réaliseraient-elles aujourd'hui ? Comment les partis hostiles, réduits à une stérile opposition, pourraient-ils accomplir l'œuvre où ils ont échoué, aidés de toute la force que donne le pouvoir ? Ils sont condamnés par la France, et leurs agitations impuissantes ne sont que les dernières convulsions d'un mourant.

L'hostilité du Sénat à nos institutions troublerait autrement le pays, si un succès, même momentané, semblait possible. Que l'on se souvienne des lugubres et lourdes journées qui ont séparé le 14 octobre du 14 décembre !

Cependant le Sénat peut beaucoup pour entraver la marche des affaires.

« Le Sénat examine la situation du pays. Il recherche ses besoins,
» il étudie les perfectionnements de son organisation, il signale les
» réformes utiles, il propose les améliorations réelles. Modérateur
» du gouvernement s'il s'emporte, instigateur s'il s'endort, il exerce
» ainsi une influence toujours active sur sa marche. »

C'est en ces termes que, le 11 janvier 1856, Napoléon III parlait du Sénat de l'empire.

« Le Sénat », disait le préambule de la Constitution de 1852, « est le dépositaire du pacte fondamental. »

Le Sénat de 1875 a un rôle autrement important que celui de 1852, puisqu'il discute et propose les lois concurremment avec la Chambre des députés, qu'aucune loi n'est loi qu'elle n'ait été adoptée par lui, qu'il vote le budget. C'est une raison de plus pour qu'il ne soit pas l'ennemi du « pacte fondamental », c'est-à-dire de la Constitution.

Ayant pour but secret de renverser la République, avec cette aigreur que donne l'impuissance, la majorité du Sénat passe son temps à taquiner la Chambre et le gouvernement. Toutes les questions prennent un caractére politique et se présentent devant elle à l'état aigu. Elle voudrait renverser le ministère et elle ne trouve pas même l'occasion de l'interpeller. Elle voudrait repousser les lois votées par la Chambre et elle ne trouve pas de critique à leur adresser. Ou bien elle souléve des conflits sur le vote du budget; elle revendique des droits que la Constitution et tous les usages parlementaires lui refusent, et ne dissimule pas sa déception lorsque la Chambre des députés, plus sage qu'elle, vraiment amie de la paix publique, lui fait des concessions que jamais, en Angleterre, la Chambre des Communes n'a faites à la Chambre des lords.

Tout cela est du désordre et du trouble.

Nous voulons un Sénat conservateur qui régle, qui tempére, qui modére; mais il ne pourra faire tout cela qu'à la condition d'accepter les institutions fondamentales du pays. Un Sénat qui aspire à ruiner la Constitution ne saurait être un Sénat conservateur; c'est un Sénat révolutionnaire.

La mécanique mise à une voiture est un instrument utile, si on l'emploie à propos, si l'on s'en sert pour retenir le coche à une trop vive descente; ce serait un instrument désastreux si on la serrait à la montée. Au lieu d'aider la marche, elle l'empêcherait absolument.

Qu'on nous pardonne cette comparaison familière, mais exacte. Le Sénat tient en main une mécanique chargée d'empêcher la Chambre des députés d'aller trop vite. Nous voulons un Sénat qui sache la serrer, mais qui ne la serre qu'à la descente. Le Sénat actuel met la mécanique à la montée.

Nous voulons un Sénat qui soit une aide à la marche du gouvernement. Le Sénat actuel est une entrave à la marche du gouvernement.

Nous voulons un Sénat qui mette de l'huile dans les rouages. Le Sénat actuel y met du sable.

La paix publique sera assurée lorsque la majorité du Sénat acceptant les institutions républicaines, comme l'a fait le président de la République, les trois pouvoirs marcheront enfin d'accord pour le plus grand bien de la France.

Et qu'on ne vienne pas nous parler de péril social !

A quel homme de bon sens fera-t-on croire que M. de Montalivet (1),

---

(1) On raconte que lorsque la candidature de M. de Montalivet fut posée devant le Sénat, un très haut personnage écrivit aux sénateurs orléanistes pour les engager à ne pas oublier complétement les services rendus, et à voter, en dépit des divergences présentes, en faveur de M. de Montalivet. C'était un conseil; c'était presque un ordre. Les sénateurs orléanistes refusèrent d'y souscrire. « Quand on a voté pendant trois ans avec des collègues », répondit leur porte-voix M.B...., *on ne les abandonne pas à la veille de la défaite.* »

Le sentiment est peut-être généreux, bien que le dévouement au bien du pays dût passer avant ces considérations de personnes: mais l'aveu est bon à retenir. M. B... a raison, c'est bien à la défaite définitive que marche la majorité du Sénat.

que M. Laboulaye, que M. de Salvandy, que M. Maumus et tant d'autres sont des buveurs de sang et des incendiaires ?

Ce sont des conservateurs, d'autant plus conservateurs qu'ils ne veulent pas renverser la République au prix d'une nouvelle révolution.

Electeurs sénatoriaux du Gers, vous pouvez beaucoup pour le rétablissement définitif de l'ordre et de la paix.

Ne votez pas pour les candidats décidés, comme le sont MM. Batbie et Lacave-Laplagne, à perpétuer le conflit et le désordre.

Votez pour des candidats décidés, comme le sont MM. Maumus et de Salvandy, à défendre tous les intérêts conservateurs, à commencer par la Constitution.

Vous aurez ainsi contribué à affermir la paix publique, et vous aurez bien mérité de votre patrie.

LE SÉNAT

DE JANVIER 1876 A DÉCEMBRE 1878.

Les délégués qui viennent d'être élus par les Conseils municipaux seront l'objet d'une active propagande pendant les deux mois qui nous séparent des élections. Les sénateurs sortants appartenant à la droite et leurs comités ne manqueront pas de leur adresser des circulaires, des manifestes individuels ou collectifs, contenant des tentatives d'apologie pour le passé, des sollicitations pour le présent, des promesses pour l'avenir. Le manifeste des droites vient déjà d'ouvrir la campagne.

Il importe que les délégués, surtout ceux qui vivent en dehors des grands centres politiques, aient le moyen de contrôler par eux-mêmes les déclarations qui leur seront adressées, de juger à leur juste valeur les récits et les appréciations politiques qui seront rédigés à leur intention. La Constitution a voulu que les électeurs sénatoriaux fussent, tous les trois ans, les juges du Sénat. Leur vote du 5 janvier sera un verdict réfléchi sur la politique de cette Assemblée depuis 1876, sur le bien ou le mal qu'elle a fait au pays. Il est donc nécessaire que chaque délégué municipal puisse se remettre promptement en mémoire les actes qui ont, depuis bientôt trois ans, caractérisé cette politique. C'est dans ce but que nous allons rappeler aux électeurs sénatoriaux les décisions par lesquelles la majorité actuelle du Sénat a spécialement manifesté sa politique.

I

Au lendemain des élections législatives de 1876, le sentiment qui dominait en France était celui de la stabilité constitutionnelle laborieusement conquise, de la sécurité politique succédant à une longue et fatigante période d'incertitude et de luttes. La Constitution de 1875 était promulguée depuis un an, les deux Assemblées qu'elle organisait venaient

d'être élues ; le moment semblait venu de faire fonctionner le gouvernement de la République sans arrière-pensées, sans menaces de révolutions
à venir. M. Ricard, alors ministre de l'Intérieur, le comprit. Dans une
circulaire adressée aux préfets, il releva certaines déclamations que des
légitimistes et des bonapartistes faisaient entendre contre la République ;
il condamna ce qu'il appelait « les espérances désormais factieuses des
partis ». Ces déclarations, bien accueillies par le pays, déplurent à plusieurs
membres de la majorité du Sénat. M. de Franclieu les dénonça comme
une atteinte à la clause de révision de la Constitution ; il appela le ministre
de l'Intérieur à la tribune pour qu'il atténuât les idées exprimées par la
circulaire, et il affirma, avec l'approbation de la droite, sa ferme volonté
« de réserver ses espérances et de les exprimer, à condition d'attendre le
» jour où elles pourront être réalisées — ce qui ne tardera peut-être pas. »
Une réponse conciliante de M. de Marcère, qui venait d'être appelé au
ministère de l'Intérieur après la mort prématurée de M. Ricard, ne satisfit
pas la majorité. M. Paris, membre du centre droit, demanda et obtint que
la question adressée au cabinet prît la forme solennelle d'une interpellation. Les plus ardents songeaient déjà à mettre en échec le cabinet républicain qui fonctionnait depuis deux mois à peine. Mais cette précipitation
parut imprudente ; on se contenta de prendre acte de déclarations plus
adoucies que l'honorable M. Dufaure crut devoir concéder aux susceptibi-
lités monarchistes, et cette première escarmouche fut close par un ordre
du jour pur et simple.
A la même époque, la majorité du Sénat se montrait émue des discus-
sions qui avaient lieu à la Chambre des députés, au sujet du projet de loi
sur la collation des grades ; elle en voulait au gouvernement d'avoir
présenté cette loi qui figurait dans le programme lu à l'ouverture de la
session, mais qui avait le tort de remettre en question une des usurpa-
tions tentées par le cléricalisme contre les droits de l'Etat. Elle cherchait
une occasion de se compter et d'affirmer sa propre politique contre celle
du gouvernement et de la Chambre des députés.
La mort de M. Ricard lui fournit cette occasion : un siége de sénateur
inamovible étant vacant, elle s'empressa de l'offrir à M. Buffet, c'est-à-
dire au chef du ministère réactionnaire qui était tombé au lendemain des
élections du 20 février, au candidat que les électeurs sénatoriaux et le
suffrage universel avaient quatre fois repoussé. Ce choix anti-républicain
et anti-ministériel fut sanctionné, le 16 juin, par 143 voix contre 141. La
majorité était faible, mais elle était destinée à se fortifier, dans l'avenir,
par plusieurs élections faites dans le même esprit.
Cette majorité venait d'ailleurs de s'affirmer par un autre acte d'opposition aux vues du ministère, de la Chambre et du pays. Elle avait formé
une commission hostile au projet de loi qui supprimait les jurys mixtes et
restituait à l'Etat le droit exclusif de délivrer les diplômes. Conformé-
ment aux propositions de cette commission, et malgré les efforts du
gouvernement, le Sénat repoussa la loi. C'est dans la discussion qui eut lieu
à cette occasion, que M. le duc de Broglie développa pour la première fois
la singulière théorie politique que la majorité commençait à pratiquer, la
théorie du *sénat-obstacle* : cette assemblée était destinée, selon lui, à
contre-carrer et non à seconder la volonté nationale. « Il suffit, disait-il aux
» applaudissements de la droite, il suffit de savoir comment a été institué
» le Sénat, pour comprendre qu'on méconnaît ici son rôle : il ne doit pas
» se prêter aux caprices du souffle populaire. » M. de Broglie et ses colla-
borateurs politiques jugeaient mal l'institution du Sénat, mais ils expli-

quaient bien le rôle qu'ils lui destinaient et que celui-ci n'a que trop fidèlement rempli.

A quelques jours de là, en août 1876, un nouvel échec fut infligé par le Sénat à la Chambre des députés. Il s'agissait de la loi sur les maires. La Chambre avait voté la restitution à trente mille communes du droit d'élire leurs officiers municipaux. Deux membres du centre droit demandèrent au Sénat d'infirmer ce vote et de refuser à toutes les communes, sans distinction, le droit d'élire leurs maires et leurs adjoints. Ils ne réussirent pas ; mais le Sénat repoussa une disposition importante de la loi d'après laquelle les conseils municipaux devaient être intégralement renouvelés avant de procéder à l'élection des maires. La Chambre trouvait juste que les électeurs municipaux fussent ainsi appelés à concourir au choix des nouveaux maires, au lieu de rester liés par les élections faites sous le ministère de M. de Broglie et sous l'influence des maires imposés. Mais à raison même de ces origines qui pouvaient faire espérer un certain nombre de choix anti-républicains, le Sénat repoussa cette disposition de la loi, à la majorité de 159 voix contre 130. La Chambre accepta l'amendement de peur de voir échouer la loi tout entière.

Ces symptômes d'antagonisme se succédant à bref délai impressionnèrent péniblement l'opinion. Quelques sénateurs craignirent de dépasser les bornes de la prudence ; le groupe dit constitutionnel, qui commençait à pratiquer entre la gauche et la droite un ingénieux jeu de bascule, désirait échapper et faire échapper le Sénat aux reproches d'opposition systématique. Un siège de sénateur inamovible étant devenu vacant, il vota avec la gauche pour M. Dufaure, et la session de 1876 se termina sur une impression moins défavorable. Quelques optimistes émettaient même l'espoir que l'opposition avait épuisé ses forces et que la session suivante réaliserait une meilleure harmonie entre les grands pouvoirs publics. Espoir trompeur, car cette session était celle qui devait aboutir au 16 mai !

II

Au début de la session de novembre 1876, deux siéges de sénateurs inamovibles, naguère occupés par deux républicains, MM. Wolowski et Letellier-Valazé, étaient devenus vacants par décès. La droite, qui désirait les conquérir l'un et l'autre, avait pris pour candidats un clérical militant et un bonapartiste. Mais, grâce au jeu de bascule des constitutionnels, le bonapartiste échoua ; M. Chesnelong alla renforcer l'opposition de droite, et l'autre siége fut donné à M. Renouard, procureur général à la cour de Cassation. Cette concession ne devait pas, d'ailleurs, être de longue durée, car, un an après, ce siége, devenu de nouveau vacant par le décès de M. Renouard, était donné ainsi que quatre autres à des candidats monarchistes.

En décembre, le Sénat fut saisi d'un projet de loi voté par la Chambre des députés, sur la cessation des poursuites se rattachant à l'insurrection de 1871. La Chambre, s'inspirant d'un louable désir, d'accord avec le gouvernement, avait refusé de s'associer aux propositions d'amnistie présentées par l'extrême gauche ; la loi votée par elle n'infirmait pas les condamnations prononcées, même par contumace, elle se bornait à empêcher les poursuites nouvelles au moyen d'une prescription spéciale. Mais le Sénat ne tint compte ni de la réserve dont la Chambre avait fait preuve, ni de propositions encore plus atténuées présentées par M. Berthauld dans un but de transaction, ni des désirs du cabinet. Après un remarquable discours de M. Dufaure, qui avait clos la discussion générale, le Sénat déclara, à la majorité de 148 voix contre 134, qu'il refusait de passer à la discussion des articles.

Ce vote eut des conséquences graves. M. Dufaure, qui s'était trouvé en désaccord avec la Chambre des députés sur quelques dispositions de la loi et qui subissait un échec complet devant le Sénat, donna sa démission. Une crise ministériellle éclata. Le moment était-il venu pour l'opposition anti-républicaine, désormais en possession de la majorité du Sénat, de précipiter le mouvement, de resserrer le cercle qu'elle commençait à former autour de l'Elysée et de réclamer la succession du cabinet Dufaure? Quelques tentatives paraissent avoir été faites en ce sens; mais les politiques les plus habiles du parti les jugèrent prématurées; ils pensèrent que la chute du cabinet, dans les circonstances où elle avait eu lieu, n'autoriserait pas encore une rupture ouverte du pouvoir exécutif avec la majorité républicaine : qu'il fallait, pour réussir, user un second cabinet, républicain, plus républicain même que celui qui venait de se retirer. On laissa donc le cabinet Jules Simon se former, en se réservant de le miner par une opposition latente jusqu'au jour où il paraîtrait possible de le renverser et de lui substituer un ministère de combat.

Dès le début, le cabinet Jules Simon se trouva en présence d'une question grave. soulevée par le Sénat, et qui pouvait précipiter les événements pour peu que la Chambre des députés s'y prêtât. Contrairement à tous les précédents, la Chambre haute manifesta l'intention d'exercer indirectement, par voie d'amendement au budget, l'initiative que la Constitution lui refuse en matière de lois de finances. Plusieurs crédits rejetés par la Chambre furent rétablis par le Sénat, notamment celui de l'aumônerie militaire.

Nous n'avons pas à retracer ici la controverse constitutionnelle qui fut soulevée à cette occasion. Bornons-nous à rappeler que la commission du budget de la Chambre et la grande majorité des députés républicains estimaient que le droit d'amendement réclamé par le Sénat excédait ses attributions, qu'il était condamné par le texte de la Constitution, par son esprit, par les traditions du régime parlementaire; néanmoins la Chambre des députés par égard pour le cabinet et par désir d'accord entre les deux Chambres, accepta implicitement la doctrine du Sénat, discuta ses amendements et les adopta presque tous.

Pendant que ces incidents se produisaient dans les régions parlementaires et gouvernementales, des agitations d'une autre nature, mais étroitement liées au mouvement de réaction anti-républicaine dont le Sénat avait donné le signal, se produisaient sur plusieurs points du territoire. On n'a pas oublié les mandements épiscopaux qui firent tant de bruit dans les premiers mois de 1877; la politique intérieure et extérieure de la France y était prise à partie dans les termes les plus véhéments, la question du pouvoir temporel était mise en avant avec une intempérance qui pouvait compromettre nos bons rapports avec l'Italie. L'évêque de Nîmes réclamait une nouvelle expédition de Rome. L'évêque de Nevers, non content de parler aux fidèles par un mandement, adressait directement au chef de l'Etat les hautaines doléances du parti clérical et envoyait sa lettre en franchise postale à tous les maires du département. Pendant que le parti clérical s'affirmait dans les écrits épiscopaux, le parti bonapartiste triomphait bruyamment dans des sentences judiciaires; c'est ici que se place le fameux arrêt rendu par la cour de Besançon en faveur des com-

missions mixtes, arrêt que M. Martel, garde des sceaux, déféra vainement
à la cour de Cassation. M. Martel fut en outre menacé d'interpellation par
la droite du Sénat pour avoir révoqué M. Bailleul, avocat général à Besançon, apologiste des commissions mixtes.

III

La condescendance de la Chambre des députés sur la question du droit
d'amendement au budget n'avait pas désarmé le Sénat. En février, en
mars 1877, la majorité ne fit qu'accentuer son mauvais vouloir. Elle
rejeta, sans motif plausible, des lois qui n'avaient certainement rien de
subversif, et même de simples lois d'affaires. C'est ainsi que, le 18 février,
le Sénat fit échouer à vingt-six voix de majorité la loi qui restituait aux
conseils des prud'hommes l'élection de leur président; il refusa même
d'accueillir une proposition de transaction qui accordait à ces conseils le
droit de présenter des candidats. Il ajourna indéfiniment la proposition
relative à la suppression des sous-préfectures de Sceaux et de Saint-Denis;
il refusa de voter la suppression de l'impôt sur les savons proposée par le
gouvernement et acceptée par la Chambre.

Une élection de sénateur inamovible qui eut lieu vers la même époque
ne fit que confirmer ces fâcheuses dispositions. Un candidat bonapartiste,
M. Dupuy de Lôme, fut élu contre M. André, candidat républicain de la
nuance la plus modérée.

En même temps que ces actes publics froissaient et inquiétaient l'opinion, des rumeurs vagues, répandues dans les cercles politiques, faisaient
appréhender des démarches secrètes d'un caractère plus grave encore. On
sentait que le cabinet Jules Simon, si confiant qu'il fût ou qu'il affectât
de le paraître, n'avait point la liberté d'action à laquelle a droit un ministère constitutionnel ; son influence auprès du chef de l'Etat était visible-
ment disputée par des notabilités de la droite sénatoriale parmi lesquelles
on citait MM. de Broglie et Dupanloup ; de son côté, M. Chesnelong s'était
mis à la tête d'un comité qui répandait à profusion des pétitions pour le
rétablissement du pouvoir temporel du pape; la question cléricale entre-
tenait un foyer d'agitation anti-républicaine de plus en plus actif et qui
paraissait attisé dans l'enceinte même de l'Elysée. Des demi-confidences,
faites par un journal notoirement inspiré par l'évêque d'Orléans, donnaient
fort à réfléchir : « Nous ne mettons pas en doute, disait la *Défense*, la
» clairvoyance du maréchal président. *Nous savons* qu'il attend le jour
» et l'heure convenables pour déclarer l'expérience terminée. » Cette expérience était celle de notre Constitution républicaine.

Cependant le cabinet faisait son devoir : à la fin d'avril, M. Jules Simon
rédigeait une circulaire interdisant le colportage public des pétitions en
faveur du pouvoir temporel, et M. Waddington, ministre de l'instruction
publique, défendait qu'on fît signer ces pétitions dans les écoles; le 4 mai,
la Chambre des députés votait un ordre du jour sévère contre les menées
du parti ultramontain; le 10, le Sénat se préparait à adresser au cabinet
une interpellation en sens contraire, sur laquelle M. Jules Simon et ses
collègues devaient, disait-on, succomber; mais tout à coup la *Défense*
annonça que l'interpellation n'aurait pas lieu, et que le cabinet disparaî-
trait sans cela. M. Dupanloup conseilla, en effet, à ses amis de renoncer
à leur projet, et ses raisons furent sans doute péremptoires, car le projet
d'interpellation fut abandonné comme par enchantement.

Deux jours après, le *Journal officiel* publiait la lettre présidentielle du 16 Mai qui congédiait le cabinet Jules Simon.

Nous n'avons pas à refaire ici l'histoire du 16 Mai. On sait comment la droite du Sénat, après avoir préparé la crise par sa politique générale et par les intrigues de ses chefs, la consomma par son vote du 25 juin sur la dissolution. Que ce vote fût émis avec un entrain fiévreux ou « la mort dans l'âme », les résultats en furent les mêmes ; livrer la France à un ministère de combat qui devait nous rappeler les plus mauvais jours de l'empire ; surexciter l'antagonisme des citoyens avec les fonctionnaires, des citoyens entre eux, des fonctionnaires avec les lois ; troubler la paix publique et compromettre la paix extérieure sous prétexte de conservation sociale.

Ces craintes de complications extérieures, qu'on a voulu railler ou présenter comme une manœuvre des républicains, étaient alors si peu chimériques que le gouvernement, aussitôt après le 16 mai, jugea nécessaire de les calmer par des actes significatifs. Le maintien de M. Decazes au ministère des affaires étrangères fut un de ces actes ; on n'a pas oublié en quels termes le chef de l'Etat l'invitait lui-même à retirer sa démission : « Je veux qu'il soit bien compris, écrivait-il le 17 mai à M. Decazes, » que j'entends maintenir avec les puissances étrangères les relations » amicales et confiantes que vous avez su entretenir avec elles. » Et, peu après, l'agence Havas, rapportant une entrevue du chef de l'Etat avec les membres du corps diplomatique, disait : « Le président a exprimé à tous » sa ferme volonté de maintenir la politique de paix avec toutes les puis- » sances ». Nul doute que cette volonté ne fût sincère, mais que penser d'une situation qui rendait de telles déclarations nécessaires ?

IV

La majorité du Sénat, si coupable au 16 mai, a-t-elle su du moins, après le 14 octobre, se relever aux yeux du pays ? S'est-elle inclinée avec déférence devant le verdict de la nation ? A-t-elle répudié avec contrition les illégalités et les violences du cabinet de Broglie-Fourtou ? Ici encore les faits répondent.

Lorsque le cabinet du 16 mai, battu par les électeurs, condamné par la Chambre des députés, dut abandonner le pouvoir, il ne voulut pas se retirer sans avoir obtenu du Sénat une parole d'indulgence, sans avoir semé, autant qu'il dépendait de lui, le germe d'un nouveau conflit. La Chambre ayant voté la création d'une commission d'enquête qui devait mettre en lumière les procédés électoraux du cabinet de Broglie-Fourtou et les responsabilités encourues, M. de Broglie ne désespéra pas de soulever le Sénat contre cette résolution, et de se faire décerner par lui un bill d'indemnité. Il se fit interpeller par M. de Kerdrel sur la suite à donner à la résolution d'enquête, et il déclara du haut de la tribune qu'il ordonnerait à tous les fonctionnaires de refuser leur concours aux délégués de la Chambre. Le 19 novembre, le Sénat répondit à ces déclarations par l'ordre du jour suivant, voté par 22 voix de majorité : « Le Sénat, prenant » acte des déclarations du gouvernement, persévérant dans la politique » conservatrice qu'il a toujours défendue, et désireux que les prérogatives » appartenant à chacun des trois pouvoirs soient respectées, passe à l'ordre » du jour. »

Cette résolution permettait au cabinet de Broglie-Fourtou de se retirer avec les honneurs de la guerre; elle contenait, en effet, une profession de foi « conservatrice » qui, dans le sens où ce mot était pris depuis six mois, n'était pas faite pour décourager les partisans d'aventures nouvelles; elle se terminait par une allusion désobligeante au premier vote émis par la nouvelle Chambre des députés. Une seule chose avait été refusée au cabinet : les constitutionnels avaient mis pour condition à leur vote qu'on substituerait les mots « *prenant acte* des résolutions du gouvernement » au mot « *approuvant* » qui figurait dans le projet de la droite. Là se bornèrent leurs modestes exigences, et, ce point obtenu, ils votèrent comme les autres.

L'attitude au moins équivoque du Sénat, la nouvelle preuve de faiblesse donnée par les constitutionnels, eurent pour effet de retarder la solution du conflit. Au lieu du cabinet parlementaire auquel le pays avait droit, il eut à subir, du 23 novembre au 14 décembre, le cabinet extra-parlementaire présidé par M. le général de Rochebouet. Grâce au Sénat, la situation était plus tendue que jamais; l'idée était venue à d'impardonnables fauteurs de troubles de faire voter par la haute Assemblée une seconde dissolution. Qui ne se rappelle les angoisses de ces trois mortelles semaines, les bruits de coup d'État, les projets de résistance légale, la question du refus du budget, les sinistres rumeurs de guerre civile ?

Il faut rendre aux constitutionnels cette justice, qu'ils s'émurent enfin des périls qu'ils avaient concouru à déchaîner sur le pays. Dans une réunion tenue chez M. de Bondy, ils surent tenir tête à M. Batbie, qui voulait les rallier à l'idée d'une seconde dissolution; ils refusèrent de suivre ceux qui, irrités d'être allés inutilement jusqu'au bout, voulaient aller plus loin encore. Devant leur résistance, l'idée d'une seconde dissolution fut abandonnée, le cabinet parlementaire du 14 décembre fut formé, et la Constitution fut enfin obéie.

Malheureusement, pendant cette même période, les constitutionnels avaient fait cause commune avec la droite dans toute une série d'élections de sénateurs inamovibles. Dans les séances des 16 et 24 novembre et 4 décembre, ils avaient renforcé la majorité anti-républicaine de six nouveaux membres : deux bonapartistes, MM. Grandperret et F. Barrot; deux légitimistes, MM. Lucien Brun et de Larcy; deux monarchistes de la nuance centre droit, MM. de Chabaud-Latour et de Greffulhe. Toutes les candidatures républicaines, même les plus modérées, avaient été impitoyablement exclues.

Tels sont, jusqu'à la formation du cabinet actuel, les principaux faits qui ont signalé la politique du Sénat, tels sont les services que la majorité de droite a rendus au pays.

V

Après la formation du cabinet du 14 décembre, une vie nouvelle pouvait commencer pour le Sénat comme pour tous les autres pouvoirs publics. Tout y conviait cette majorité, si rebelle depuis deux ans aux aspirations du pays : l'impuissance avérée de sa politique, le retour du chef de l'Etat à la pratique loyale de la Constitution, l'éclat pacifique de l'Exposition universelle, les grandes manifestions nationales dont elle a été l'occasion, la place honorable occupée par la France dans les conseils de l'Europe, enfin l'approche du renouvellement triennal et la gravité de l'impénitence finale.

Rien n'y a fait. La session de 1878, qui s'était close, en avril, par une interpellation hostile au cabinet, mais rendue inoffensive par la trop grande hâte de ses auteurs, s'est rouverte en novembre par deux actes significatifs.

L'un est le manifeste publié le 13 novembre, au nom du comité des droites sénatoriales. La majorité antirépublicaine s'y montre tout entière, avec ses préjugés, sa malveillance pour les institutions républicaines, ses terreurs affectées pour l'avenir du pays, et surtout avec son imperturbable contentement d'elle-même. Nul regret du passé, nul aveu des fautes commises, ne fût-ce que celle du 16 mai, nulle bonne résolution pour l'avenir : « Les années qui viennent de s'écouler, dit le manifeste, ont mis en » relief la sagesse du Sénat ! »

Après les paroles, les actes. Pouvait-il s'en produire de plus significatif que l'élection du 15 novembre ? Trois siéges de sénateurs inamovibles étant vacants, trois adversaires de la République y ont été appelés : deux monarchistes, MM. Baragnon et d'Haussonville, et un bonapartiste, M. Oscar de Vallée. Les « constitutionnels » ont été d'accord avec les autres groupes de la droite pour préférer une notabilité du bonapartisme militant à l'un des hommes d'Etat les plus respectés du gouvernement de Juillet, M. le comte de Montalivet. Est-ce au nom de la conservation sociale qu'ils ont repoussé l'ancien ministre de Louis-Philippe pour élire un ancien ministre de Napoléon III ? Est-ce pour lutter contre le radicalisme qu'ils ont écarté le général Grestey et qu'ils ont nommé à sa place M. Baragnon, le bruyant agitateur royaliste que les électeurs du Gard ont refusé de renvoyer à la Chambre des députés ?

Mais il nous suffit d'avoir rappelé les faits. C'est aux électeurs sénatoriaux qu'il appartient de les juger, d'en demander compte aux sénateurs de la droite dont le mandat expire et qui leur réclament un nouveau mandat de neuf ans.